JN410083

# 누가 묻거든

김성수 시집

교음사

## 김성수

충남 태안 출생. 거주
『대한문학세계』 등단
한국문인협회 정회원
계간 『문학愛』 정회원
『종합문예유성』 정회원(충남 지부장)
진주남강문학회 정회원
한국문인협회 평생교육원 시낭송 수료
한국낭송지도자협회 1급 시낭송 자격 취득
한국시낭송연합회 충남지회장
한국맑은소리 문화예술협회 회장
제10회 글벗문학상 수상
대한민국 국자감(집현전)문학상수상(2021)
종합 『문예신문』 지국장(기자)
한국문학예술인 선정(다향문학 2021)
대한민국 대중가요 작사가협회 작사가 인증서(2021)

대한민국 문체부주관 관리 종합유성 작가 선정(2021)
현 시낭송강좌
　　-서울. 태안(대면),
　　-시. 기초이론 및 창작이론 강좌(인터넷)

**저서**
『솔개의 눈물』
『솔바람 비』
『노을따라 가는 세월』(창작지원금)
『길 잃은 바람』
『잠자는 연필』(글벗문학상)
『춤추는 장고』(창작지원금)
『바람은 풍경을 남기고』

## 시인의 말

이른 봄 논에서는 개구리들
앞 다퉈 목청 높여
자기만의 소리를 내고
숲에서는 새들이
제각기 다른 소리로
노래를 한다
저마다의 색깔로
자신을 알리려는 것은 아닐까

글을 쓰는 작업이야말로
고행이 아닐 수 없다
거기에서 작은 반딧불이
불을 밝히듯 희열과 감동이
숨어있기에 어쩌면 그 고행을
걸으면서도
글을 써야 하는 자기만의
싸움은 아닐는지

세월이 바뀌어도
바다는 늙지도 않고
바위는 흰머리 하나
자라지 않는데
유독 우리 인간들만
잘났다 하면서 철들 즘
이승을 떠난다는 걸
왜 잊고 사는지

2023. 10. 김성수

| 누가 묻거든 |



## 1. 인생이란 말이야

## 2. 나 그리고 나

## 3. 인생은 커피 한잔

## 4. 그림자 없는 노을

## 5. 달빛 적시는 소리

# 1

# 인생이란 말이야

# 모정

고사리 같은 여린 손마디
꽃봉오리 같던 앳된 그 모습
누가 지웠나!
긴긴 세월 흔적이 할퀴고 지난 자리
가뭄에 못 자리같이 갈라지고
봄바람에 흙먼지가 나려 쌓인 듯
메마른 얼굴엔 핏기조차 없고
집 나간 지 오래다

따라가지 않는 발걸음 달래며
하루를 한 달같이 지내며
달그락달그락 함지박 휘젓는
손가락엔 피멍 들어 굽은 채
온기는 간데없고 호호 불며
사발 세수시켜 마음으로 부르던
노래는 잠든 지 오래고
어디 가서 찾아 보나
막연하기만 하다

아랫목에 이리저리 널브러진
자식들 잠든 모습 내려다보며
불러보는 그 노랫소리
뺏어간 세월은 돌려줄 생각 없이
몰아세우기만 하며
쇠스랑 같이 변해버린 손가락 마디가
소나무 옹이 되어버렸다

부엌에 달그락거리며 부르던
노랫소리는 잠이 들었나
엄동설한 세수시키던 붉은
손가락은 어디로 갔나
불러도 불러도 온기조차 없는 흔적
돌아올 줄 모르는
앳된 그 여인은 간데없고
고릴라같이 망가진 형체는 엄마였다

# 바가지

푸르던 하늘 잠이 들었나
까만 밤하늘 한복판
의지할 곳 없는 외로운 밤이면
별을 보며 달랬고
그믐밤 지붕 위
모시 적삼 입고 앉아있는 당신을 올려다보며
달래야 했습니다
벗겨진 신발 찾을 길 없고
자갈길 돌부리에 차여
피 흘리며 당신 곁으로 가겠다는 마음 아픔도 잊은 채
붉은 낙관 찍으며 찾아갔건만
저 높은 곳에 앉아 바라보고만 있는 무정함
야속하기만 합니다
다문 입 핏기 사라진 지 오래고
보름달에 단아한 하얀 자태
오늘 밤 풀벌레 애가는
지붕 위 앉아 내려다보고 있는 모습
차갑기만 한데 따스하던 그 입김은
어디에 두셨나요
차가운 냉정함이 밤이슬 되어 내립니다

# 가족

개가 짖는다
배가 고파 짖는 소린 아닌 듯하다
달그림자도 없는데
산촌의 어둠을 쫓아 주려고 짖는 것일 거다
늘 곁에서 지켜주는 소리
위안이 된다
바람도 비껴가는 외진 곳
그곳엔 홀아비와
흰둥이 개 세 마리가 동거를 한다

# 폭염

바다가 몸으로 올라와
울음을 토해낸다
파도보다 먼저
달려와 물보라 일으키며 전신을 흠뻑 적신다
현기증이 난다
흐르는 바닷물의
짠기가 느슨하게
몸을 잡아 세워놓는다
뜨거운 태양은 벌써 내려와 몸에 앉아 있다

# 출근

빌딩 사이로 금 실타래 내려오면
구름에 가려진 태양처럼
얼굴에 볼 터치하고
붉은 립스틱을 짙게 바르고 길을 나선다
모두가 집으로 돌아가는 시간에
그녀는 집을 나와 출근을 한다
노을빛이 가로등 위에 걸쳐 있으면
그녀는 사연 많은 사내들 불만투성이인 사내들
세상을 한 손에 쥔 사내들의
상담사 일을 하는 게 그녀의 직업이다
아침 해가 떠오르면
출근에 북적일 때 그녀는 퇴근을 하고
태양을 거부하며
노을빛이 물들 무렵까지
은둔생활을 한다

# 노을

먹거리 넘쳐나는 오늘
배고픔은 어느 삼류소설에서나 읽을 수 있는 지금
들고양이는 쥐를 잡으려 하질 않는다
그리 멀지도 않았던 아버지의 배 속에선
뱃고동 소리 잠들지 못한 것이
오랜 일도 아니었는데
쪼그라진 뱃가죽은
지금 부푼 뱃살이 춤을 춘다
고봉밥도 허기졌던 시절
뉘엿뉘엿 지는 해 등지고 앉아
막걸리 사발에 골패인 아버지
그 얼굴엔 붉은 노을이 떠오르고
서산에 지는 석양빛 외면한 채 땅거미 내리면
곤한 잠 코 고는 소리
붉게 물든 노을빛 아버지 얼굴엔
주름진 근심만 잠들어 있다

# 장마

비 내리는 아침
믹스커피 한잔 들고 추녀 밑에 앉아
빗소리 듣게 해주니 좋아한다
모락모락 빗속으로 사라지는
뜨거운 빗물도 뜨거워
갈지자로 비틀거릴 때
눈치 보며 바라보는
그를 입술에 적시며
목 넘김 소리 새어 나오지 않게
입을 굳게 다물어 버린다
흠뻑 젖어 널브러지는
종이컵 손가락으로
기둥 세워 품으로 가져올 때
뛰어 들어와 감추는 비의 탈선
젖은 몸 슬퍼 우는 새의 절규
뱃고동 소리가 달래준다

# 백수

풀벌레 우는 소리
앞산 숲에서 쉬엄쉬엄
매미의 울음소리
알람 알리듯 수탉 호통치듯
우는소리
들리는 것이라고는 이것이 전부
때에 따라서 솔바람 소리
간간이 들리는 것이 전부인
산자락 아래 팔순을 훌쩍 넘긴
집 한 채 그 지붕 추녀 밑에
매달린 풍경과 함께 기거하는 남자
그 남자의 머릿속엔 오만
잡동사니가 우글거린다
보이는 것이라고는 마당 건너편
산에 소나무들뿐 어쩌다 바라보면
언제 저렇게 자랐을까 하고
혼자서 중얼대는 것이 시주나 간
땡중(시주승) 중얼거리듯 한다
너무 심심하고 무력감이
온몸을 덮어 옥죄어올 땐

특별한 일도 없는데 바다에 가서
멍하니 먼 바다 바라보다
올라오는 게 고작이다
산자락 꼭대기에 걸쳐 있는
노을을 보면서 오늘도 바다에
잠기겠구나 생각 끝에
집 안으로 들어가 흔적을
감추는 게 전부다

# 관심

뭐해?
조용하고 궁금하고 해서
뭐가 궁금하냐고?
그냥 궁금해
뭐 하고 있을까 하고
관심일까?
아님 집착 그것도 아니면
사랑해서일까?
그래
널 사랑하고 있는 거야
그래서 궁금한 거야
뭐해?
그냥 혼자서 묻고 지우고
보내려던 문자는
삭제하고 또 써본다
흰 구름처럼 사라지고
전화를 걸려고 눌렀다
이내 지우고
혼자서 중얼댄다
뭐 하고 있을까

# 추녀물

문밖에 누군가
새벽부터 쉬지 않고
오줌을 싼다
한참을 지나도
그치지 않는 오줌 싸는 소리에
빼꼼히 문을 밀고 눈알만 내보내 본다
큰 고무대야에 넘치는 맑고 투명한 물
문을 밀어젖히고
고개를 뒤로 자빠트려 놓고 올려다본 하늘
그는 변함없는데
지붕의 골을 타고 내려오는 물줄기
그가 싸는 오줌이었다
재난 문자가 보내온
오늘은 더 많이 쏟아지려나
귀만 열어놓고 사색에 잠겨본다
쏴
소리와 함께 쏟아지는
물결 폭포를 이룬다

# 홀아비

인적 드문 산자락 아래
허름한 집 한 채
블록 담이 허물어져 내리다
위태롭게 버티며 붙어 있고
녹슨 철 대문 기력 다하여
금방이라도 주저앉을 기세
빈집 같은 집에 간간이 들락거리며
눈치 보는 생쥐와 동거를 한다
산 먼지 길 먼지 모두 다 피신해
모여 있는 안마당 구석에는
혹시나 하며 거미 그물
내려놓고 한나절 내 졸고 있다
누구 하나 근엄하게
말하는 이 잔소리하는 이 없는 집에는
매일같이 저녁노을
안부 물으며 슬금슬금 기어들어 온다
넘어가면 땅거미가 절간 같은 고요함이여
이 외로움 누가
가져가는 이 없나

## 파도

사무친 아픔 지난여름
몸을 내맡기고 사랑했던 것은
모두 가식이었나
나는 알몸에 널 품어주었는데
다시 올 너를 기다림에 지쳐
한 맺힌 차디찬 미움이 밀려와서
돌아가지 못한 채
빙하 되어 굳어 있어야만 했다
저 멀리 수평선에서
검푸르게 기다리는 마음
부딪쳐 울며 돌아가야만 했던 시간들
바람은 나를 몰고 와서 떼어놓고 돌아가지만
갯바위 바라보는 마음 쓰리기만 하다
떠나가는 뒷모습 초라해 흐르는 눈물
삼킬 수도 없는 심정 오죽하리
지금 가는 모습 물거품 되지만
하얀 미소 지으며 다시 찾아
백사장에 누워 널 안아 반기리라
깨어져 부서지는 모습 변함없지만 찾아온 나를
반겨주는 모래의 품이 있어 행복하다

## 늙은이

녹이 슨 뼈마디
살금살금 주무르면서
천장에 매달린
형광등과 마주한 눈에는
그림자만 드리워져 있다
가난이 누룽지처럼
덕지덕지 붙어 있는 마음
물에 부풀어 올라오는 것이 무엇일까
베갯머리에 자리하는 차가움
콧김에 슬금슬금 기어나가지만
잎 떨어진 빈 가지처럼
노쇠해진 삭정이 같은 노년
빛도 외면해 버린다
백수 같은 햇볕은
함께 하려 하지 않고
자꾸만 피하는 것이
그도 늙은이는 싫어하는가 보다
심장 뛰는 소리는 여전한데 몸은 굳어
움직이려 하질 않는 것은
당연한지도 모르겠다

# 인생이란 말이야

구름은 삶이요
바람은 인생이더라
파도는 힘차게 솟아올라
능선에 앉아있는 달을
잡아 삼키고 주저앉더라
몇 번의 꿈틀거림과
심한 고통의 소리를 지르며
토해내어 바닷속에 빠진 달
일그러진 모양 둥글게 하려고
바다는 땀을 흠뻑 적시며 춤을 추더라
얼리는 파도 잠들 줄 모른 채
구름 위에 올라앉고 싶어
손 뻗쳐 소리 지르지만 구름일 뿐
잡을 수가 없는 것은 삶이더라
구름 흐르듯 살면 되는 것을 잊어버리더라

# 떠난 목소리

아파서 누워있어 봐야
행복과 사랑을 알 수가 있다
몸 겨누어 있음 그 모든 것도 병들어 있을 뿐이다
조잘대던 목소리조차도
내 살아 움직일 때나 가능한 일이다
오랜 시간 단절된 많은 사람
다시 일어섰을 때 진심다운 가식에
병명의 인사는
어떻게 받아들여야 하는가
겹겹이 쌓인 절망은
떨어질 줄 모른 채
매달려 있을 것이다

# 누가 생각나는 밤이면

처마 밑에 작은 풍경
땡그랑
땡그랑
바람 분다고 헐떡이며 뛰어와 귓전에 알려준다
고요 속에 추적거리는 우중의 밤 기척도 없고
추녀 물소리뿐
적막이 드리운 작은 평수에 어둠처럼
잡념에 휩싸여 있다
아침이 오면 으레 움직이는 몸
그래서 잠 못 드는 것인가
비는 무엇을 가져다주려는지
그도 계획된 대로 행하는 것일까
나도 따라 움직여야 하는가 보다
이름도 성도 모르는
그 사람도 무엇을 생각하고 있겠지
그만 눈을 감아야겠다

# 아픔

병든 몸은 전화까지 같이 병들어 있다
살아 소리 내며 신호를 보내지만
누구 하나 들으려 하질 않는다
무의미한 전화 한 번의 메시지조차도
모두 앓아누워 있다
나를 따라 그도 누워만 있다
머리맡에 죽은 듯 잠들어 있는 전화
한바탕 소리 지르며
나를 깨우려 하지 않는다
그도 나와 같이 몸져누워 있다
찾는 이도 찾아주는 이도 없는 어둠 속에
밤은 생이 단절된 시간이다

# 노년

고목에 잎이 피고
열매가 맺어도
새들은 지나칠 뿐이다
늙는다는 것은
외로움이 좀먹어
썩어 가고 있다는 암시다
고운 모양새 갖추려
애를 쓰며 푸른 잎 흔들어도
산새는 오지도 않고
둥지를 틀 기미조차도 없다

## 모정 2

주름진 바다
그는 늙지 않는 줄만 알았다
모로 누워 떼쓸 때
달래주며 끼니를 거르던 당신은
한평생 그 자리에
남아 있어 주는 줄 알았습니다

새벽 물안개 피어오르기 전
뱃고동 소리 따라 토방에 잠든
구멍 난 신발 끌고 나간 뒷모습
그때는 아름답게 보이지
않은 것은 왜였을까
떠난 자리엔 그렇게
아름다울 수가 없었습니다

뿌우웅
떠나가는 뱃머리에 흔들리는 파도는
백사장 모래 흔들어 놓고
신발은 모래 위에 잠들어 있었습니다
구름 없는 하늘에 대고 깨져라

소리쳐 봐도 들을 수가 있으려나
대답하는 이 아무도 없었습니다
물안개 피워 슬픈 소리 품어 감추고
주름 가득한 바다
붉게 물든 채 덮어 토닥여 재웁니다

산다는 것은 돌아서 가는 것만
이별이 아니더라
맺어진 인연이 찢어질 땐 소리 대신
미어지기만 하는 것도 이별이더라
돌아갈 곳이 많은 마음은
되돌아오기까지 힘든 고행일 것이기에
돌아올 수 없는 것이다
한세월 머물다 가면서
수많은 사연 담아두어도
많은 가슴앓이 아픔 버리지 못하고
빈 몸으로 가는 영혼
그 짐마저 지고 갈 수도 없어
다 내려놓고 가더라
이것이 이별이다

## 내가 나에게

오늘 나는 나를
사랑하지 못했다
오늘이 내게 물었다
너는 너를
사랑하냐고
딱히 대답할 것이
없어 주저주저하고 있는데
너를 사랑하라고 오늘이 말을 한다

내가 나를 보살피지도
나를 아끼고 사랑한 적이 있었던가
생각을 해보니 그런 적이 없었던 것 같았다
그래서 나의 몸이 힘들어하는 것을
이제야 알 것 같다
긴긴 유월의 저녁나절 흠뻑 젖은 나를
자동차에 싣고 집으로 가는 길
차창으로 넘어온 바람이 고생했다며
뺨에 흐르는 땀을
씻어주며 토닥여주고 사라진다
그 바람의 뒷모습은

아름답기 그지없다

미안한 나는 나를
사랑해야겠다고 생각할 즘
벌써 나는 피곤하다며
자꾸만 누우려 한다
나를 재워놓고
나는 우두커니 나를 바라보며
미안한 마음에
슬그머니 나를 감싸 안아본다

## 절망과 희망

까만 어둠이 밀려온다
많은 소리와 심지어 바람 소리마저
집어삼키며 밀려오는 어둠
나의 숨소리마저도 집어삼키려 한다

위로해 줄 별빛마저도
구름은 덮어 어둠에 힘을 더해준다
꼼짝도 못 할 몸 간신히 움직여 불을 켜본다
비명을 지르며 사라지는 어둠
창밖에서 호시탐탐
기회만 엿보며 기다린다

불 꺼진 방 안에 밀려드는 불안과 공포
다시 불을 켜려 할 때
몸을 짓누르는 검은 그림자
차라리 포기하며 그냥 눈을 감는다
막연한 기다림
긴긴밤에 적막과 고요 속에서
아침 해를 기다릴 뿐이다
죽어있는 나를 위해
아침 해는 떠오를까
막연한 기다림에 어둠 속에 죽는다

# 2

# 나 그리고 나

## 공포

허우적거리며 발버둥 친다
숨이 멎을 듯한 마음
가슴이 답답해 온다
아무 생각 없이 누워 있다
얼마나 누워 깊은 미로 속에 헤매었나
벌서어둠 속에 갇혀 있다
하루라는 시간은 덧없이 흘러가고
의미 없는 그 하루를
집어삼키고 말았다
기억 속아 주먼 곳에서는
웃음소리가 나를 흔들고 있다

# 하루

오늘이 내게 묻는다
너는 너를 사랑하냐고
침묵으로 딴전 피울 때
바람을 시켜 머리채를
잡아당긴다
오늘은 내게 호되게
혹사를 시키고도
미안해하질 않으면서
왜 너는 너를 사랑하느냐고 물었을까
궁금하다
약속한 오늘은 나를 그렇게
힘들게만 하고는
노을 따라가면서도
아무 말이 없다
이른 아침부터
나는 오늘을 믿었다
그러나 오늘은
나를 울리고 가버린다

# 어제 내린 비

뒤따라오면서
훌쩍이는 그는
나의 양어깨를
눈물로 적시고는
앞을 가로막아 선다
밀어 헤치며 걷는
발걸음은 빨라지고
더 세게 툭툭 치면서
따라오다 앞서서
급기야 얼굴에
던지는 차가움은
더욱 빠르게
내달리게 한다
어느 처마 밑에
서 있을 때 발등 위로
세게 내리꽂는
투명함에 날카로운 소리
내달리는 뒷덜미 적시는
그는 무척이나
나를 사랑하는가 보다

그렇게 어제는 옷을
흠뻑 적시는 하루였지만
그리 싫지는 않았다
되돌아가지 않고
이른 아침까지
지붕을 두드리며
잠을 깨우는 그는
결국 울음 터트려
처마에 매달렸다
떨어지는 눈물
정겹게 들려오는 아침
창밖을 내다보다
나가 본다
온몸 에워싸며
애무하듯 볼에 흔적을
남겨놓는다
오월의 끝에 매달린
빗물은 쉼 없이 내린다

# 뜬구름

내게 사랑이란 것이
찾아와준다면
나는 그때 어떻게 해야 하나
누군가를 사랑할 수 있다면
최고의 행복이라 여기며
끝없이 기쁨에 파묻혀서
기절하듯 살 것이다
허황한 꿈과 생각은 자꾸만 늙게 하고
자꾸 나약해지는 것일 거다
뜨거운 태양이 내리쬐는 한낮에
시들지도 않고 지치지도 않는 꽃들을 보면서
그들도 사랑이란 희망과 행복이란 것이 있기에
피고 지는 것일 거다
한 잎 두 잎 꽃잎을 떨구면서도
서러워하거나 슬퍼하거나
흐느껴 울지 않는 것은
사랑과 행복이
피어 있는 동안에만 느낄 수 있기에
겸허히 미련을 뒤로한 채 그렇게
지는 것일 거다

# 기다림

나는 당신이 오리라는 기대 속에
1년을 기다렸습니다
당신이 지나간 발자국 바라보면서 막연한 기대 속에
또 그렇게 기다렸습니다
오지 않을 거라는 걸 잘 알면서도
혹시나 하고 오늘도 기다려봅니다
당신이 내 앞을 지날 때
기쁜 마음으로 하얀 마음에
연분홍 꽃비를 내려
당신의 머리 위에 내리도록 할 때는
너무나 행복했었습니다
초록이 우거진 나의 발밑에는
내 몸에 기대어 올라오려는 무리가 괴롭히지만
두 팔에 앉아 당신을 불러주는
보초병들이 있어 외롭지 않게
지낼 수가 있습니다
언젠가 당신이 다시 내 곁에 머물 때쯤엔
나는 당신만큼 나이 들어 있을 것이고
당신은 나를 쓰다듬으며 높은 하늘 올려다보겠지요
그런 당신을 욕심껏 기다려봅니다

# 빈 공원

시린 차가움은 떠나고
그늘진 음지에 남은 잔류도
움츠려 밀려나며 나비 되어
내려온 봄,
그도 머지않아 겉옷 벗어
그네에 걸어 하늘 높이 날아
오르려 할 것이다
매일 찾아와 나무 의자에
엉덩이 맡기던 사연 많은 노년은
애완견 목줄 움켜쥔 채
빈 공원에 한참을 묵도하듯,
한 발걸음 쇠사슬 묶인 무거움으로
간신히 공원 밖으로 나가고 난 뒤
그의 그림자도 오지 않는다
한참 후에 새잎이 나와
그네에 매달린 옷자락 펄럭일 때쯤
목줄에 묶였던 애완견만 풀밭에 뛰놀고 있다
공원 나무 의자는
빈 몸 기다림에 하늘만 쳐다본다

# 방황

바람도 잠든 어두운 밤
차가움에 옷깃 세워놓고
희미한 가로등의 안개는
품에 안아 재우려 한다
길 떠난 임 마중 이려는가
행여 올까 이리저리
막연히 거닐고 있는 것인가
늦은 밤길 모퉁이 긴 한숨에
밤벌레 숨을 멈추고
귀를 세워 엿듣는다
질질 끌며 걷는 발걸음
무거워 떨어지려 하질 않고
그 누구인들 말 못 할 심정 알 수 있으리
비틀거리는 밤에
혼자서 이 골목 저 골목 거닐며
시간을 불 지른다

# 정사

나른한 한낮은 더위마저
초목을 깨워 기지개 펴
들에 움직이는 남정네들
모두 흔들어 깨우며
잉태시킨다
한낮에 겁 없이 옷을 벗겨
가장 깊은 곳까지 탐하고
사랑에 정사를 하니
봄은 배가 불러 만삭이 된다
산천의 초목은 물이 오르고
새싹은 태어나 눈을 뜨며
고운 꽃은 몸단장에
시집갈 준비에 발정 난 벌들 깨워
유혹한다

# 깨어난 여름

머리가 아프다
입안 구석구석 쓴맛이
자극해 눈을 뜨게 한다
누군가 왔나 보다
짖는 개의 몸부림이
달려와 알려준다
나갈까 말까 망설일 때
경계는 사라졌다
움직일 때마다 포근히 껴안고
놔주려 하질 않는 그녀의 가슴속은
모태의 사랑을 그대로 가지고 있다
찢어진 종이컵에 믹스커피 한 잔 타서
입술을 깨물리며 굴곡진 캔버스에
진녹색의 물감을 바라보다
종이컵을 아래쪽에 올려놔 본다
그럴싸하다
보슬비가 찢어진 종이컵에
웅크리고 앉아있다

# 카네이션

보리 이삭도 자라지 못한 채
주저앉는 봄날
주린 배 졸라매고
무슨 희망으로 버티며 살으셨습니까
손가락은 멍에처럼 굳은 채
초롱 하게 빛나던 눈동자는
안개로 뒤덮이고
흐뭇해하는 미소 깊게 팬 주름엔
저녁노을 자리하며 쉼 하다 갔을 것입니다
다 식은 찬밥 한 덩이 물에 말아 먹으면서도
기형이 되어버린 손가락 마디마디 옹이 되도록
그저 내어주기만 하더니
불러도 대답이 없는 당신
양지쪽에 자리 펴 눕힌 채
이불이래야 잔디 몇 장
포개 덮어주고 축축한 자리
갈아드리지 못함이 사무처만 옵니다
달려가도 반길 수 없고
불러도 대답이 없는 당신
오월의 어슴푸레한

저녁 솔밭에 울던 휘파람새가
당신이었던가요
휘파람 소리로
불효자식 부르다 가셨나요
정녕 당신이었던 가요
한참 지난 뒤에야 알게 되었습니다
머리 조아려 인사드립니다
간밤 머리맡에
빙그레 웃어 눈을 뜨니
사라져버리면 어찌하라는 건가요
나도 이제 어버이로
언덕배기 저녁해 되고 보니
당신이 깔아놓고 가신 포장길이
미끄러지듯 빨리도 갑니다

## 나 그리고 나

이젠 돌아가야지. 일어서려니
왠지 허전하고 아쉽다
좀 더 앉아있으려니 무력해진다
넘실대는 파도는
누워 뒹굴며 웃어 즐길 때
저기에 내가 떠 있다
이제야 알 것 같다 내가 혼자라는 걸
망각 속에 항상 동행하는
누군가 함께하는 줄 알았다
동행하는 누가 있었지만,
그것은 바로 내 그림자
이제야 알았다
바다는 그만 가라며 물보라 친다
동행하는 내 사랑
둘이서 앞서거니 뒤서거니
터벅터벅 걸을 때 콧구멍에
연기 피어오르는 듯
하얀 연기 뿜어낸다

## 사랑 나무

꽃이 핀다
삼백예순다섯 색깔에
꽃이 핀다
그리 크지도 작지도 않고
멋지지도 못 나지도 않는
사랑 나무 두 그루에 꽃이 핀다
만개한 꽃의 향기는 마음까지
마비시킬 정도로 강하지만
누구 하나 외면하며 싫어하는 이 없다
떠나간 나무 한 그루
고사 된 나무 한 그루
꽃을 피우지 못하고
장승 되어 서 있는 사랑나무
봄은 오는데 고사목 되어
죽어만 간다

# 빈 지게

걸음마를 하면서 빨리 달리고 싶어
바람 속을 헤치며 걸어왔다
자갈밭 같은 길을 달려야 했고
바람도 비켜 가는
가시덤불도 마다않고 헤치며 걸어왔다
지나간 나의 청춘은
어디에서 무얼 하고 있나
그렇게도 힘들게만 등 떠밀며 내몰던
잃어버린 시간들
비틀거리는 모습을 바라만 보면서도
못 본 척했던 세월아
떠나간 사랑들아
흔적 없는 지금은
시린 바람만 등에 올라타 있다
마음은 금이 간 빈 술잔이
되어버렸고 몸은 등태 낡은
지게가 되고 보니
옆에 동행할 작대기조차도
귀하고 소중한 것은
어쩌면 하늘이 맺어준 운명일 것이다

인생길은 밑 빠진 항아리 같은 것
버거운 삶을 지게에 매달고
덜렁덜렁 여기까지 왔네
청춘아 이제는 무슨 미련 남아 있겠나
너나 나나 초라한 빈 지게뿐 이것을
내려놓고 지는 노을
헤아리며 쉼 하다가 가자
매달린 빈 지게마저
내려놓으려니 허전하기도
또 아쉽기만 하다

## 문화와 역사의 고장 태안

명산 백화산 정상에서 바라본
태안의 해안선 530여 킬로
멀리 수평선은 안아 품어주고
장엄한 바닷길에는 생동감이 살아 숨 쉬며
병들었던 바다의 회생 불가로 여겼던 우리의 고장은
따듯한 손길과 정성으로 다시 살아 숨 쉬고 있습니다
아늑한 태안의 보금자리는
예로부터 삼한의 마한 50여 개국
신소도구이 되어 삼국통일 후
경덕왕 16년 소 태현으로 되었다가
고려 현종 때 소태형은 충렬왕에 이르러
지금의 태안으로 지명되어
뿌리 깊은 역사를 지니고 있습니다
문화 예술의 고장이기도 한
우리 지역에는 꼬대 각시놀이
볏가리 놀이, 분기 풍어놀이 등
민속적인 역사 놀이 문화가
아직도 전해 내려오고 있으며
붕기 놀이와 봉기 타령은
과거 민속예술경연 대회에서

대통령상을 수상한 바가 있는
명성 있는 태안이기도 합니다
잃어버렸던 이름을 30여 년 만에 되찾고
아파할 줄도 모르는 숭고한 자연 앞에 서면
인간은 한없이 작아지고 비루해지기도 합니다
상처로 얼룩진 바다는 화낼 줄도 모르면서
포근하게 안아만 줍니다
언제나 변함없이 석양은
붉게 물들어 덮어 주고 용서하며
큰소리치는 사람들 모두 다
소중하고 고귀한 자연 앞에 겸허한
마음으로 문화 역사가 살아 있는
아름다운 고장을 저버리고
잊어서는 안 될 것입니다
조상 대대로 물려받고 살아 있는
문화와 예술을 왜곡하여
변형시키는 일은 결코 있어서는 안 될 것이며
독립운동으로 생을 다 바친 이종일 선생님,
동학의 본거지라 자부할 만한
역사가 살아 숨 쉬는 태안은

후손에게 물려줄 자랑스러운
역사이기도 합니다
지구 탄생 38억 년 지난 지금
우리 인간은 생태계를 파괴하여 가고 있습니다
우리는 이러한 일들이 일어나
아픔의 상처로 얼룩지는 일은 없어야 하며
손상하는 일이 없도록 모두 합심하여
한마음으로 우리 고장 자랑스러운 태안
문학이 눈부신 발전을 거듭나길
기원해 봅니다

# 꽃잎

아름답다 멋있다
감탄하고 다가서며
당신 사랑한다고 말하지만
속 치맛자락 바람에 날려
떨어지는 모습 아쉽기만 하다
내가 정녕 사랑했던 것은
잡은 손 놓고 바람에 날려
떠나는 당신의 슬픈 모습 따라
갈 수 없는 고목 같은 이 몸
가벼운 감정에 슬프지만
슬퍼하지 않고 항상 반긴다
지나고 또 지나는 것이 세월이라지만
나는 사랑한다
뒤돌아서 가는 발걸음 기약 없이 가지만
또다시 당신 곁에 잠시 머물러있을지
지금 이 순간 아름다움 남아 있기 전에
나 당신 찾아올 수 있을지 모르겠다

# 친정집

코흘리개 어린아이는 장성하고
양지에 제비꽃 필 때
부모 등 돌려 세우고
한 사내 품에 안겨
아내로 여인으로 엄마로
지아비 내조하며
사랑 듬뿍 받는 재미에
늙는 줄 모른 채 세월을 잃어버렸다
세상을 망각한 채
어느 때쯤에서 엄마가 그립고 보고파서 찾아 나선 길엔
낯설고 익숙하다
어릴 적 집은
그대로 늙지도 않고 반겨 주는데
불러도 불러도 대답 없는 엄마는 온기마저 떠나고
손때 묻은 문짝만 낡아
반갑다며 삐거덕삐거덕 인사를 한다
차곡차곡 쌓아 담아둔 어릴 적 책들은
깊은 잠에 깨어나 손길에 흔들리고 있었다
모든 것은 그대로인데
내가 늙어가니 엄마는 어디론가 떠나고

지난 세월은 정지된 채 그대로 있다
힘겹게 버티고 있는 지붕은
반쯤 모로 누워 간신히 버티고
돌아서는 발걸음 소리에
그도 엄마 따라가려나 보다

# 방황

바람도 잠든 밤
차가움에 옷깃 세워놓고
희미한 가로등
안개는 품에 안아 재우려 한다
여명이 밝아오면
등에 업힌 달
집으로 가다
길을 잃어버린 채
방황하는 낮달
구름 품에 안겨 잠든다

# 이방인

살아야 하기에 싹 돋아나
바람과 태양과 푸른 산천을 바라봐야 했다
출신이 달라서
싹 돋는 대로 죽어야 하는 운명
누군가의 선택의 밖에서
제거 대상이 되어야만 한다
생명체를 가지고 태어났지만
환영받지 못하는 우리는 모두 잡초다
제각기 이름은 있지만
그냥 잡초일 뿐이다
잘리면 또 자라고 뽑히면 또 자라야만 하는
고단한 운명인 것이다

# 오월

숲에 우는 저 뻐꾸기
지난 추억 그리운가
숲에 갇혀 나올 줄 모르고 울고만 있네
그가 저토록 부르는 것은 무엇일까
그 마음 헤아리며 시름에 잠겨 보련다
무심코 지나칠 때 불러 세워놓고
숨죽여 서글픔 토해
아카시아 꽃송이 흔들리며 내뿜는 향기 떨어질 때
달려오는 바람 품에 안고 내달리며
차오르는 가쁨 숨 쉬려 할 때
닻을 내려 정박 중인 흰 구름
기다림에 지쳐 떠나며 뻐꾸기 울음소리
애절함만 싣고 간다

# 도성

노론과 소론으로
성곽마저 금이 가고
말발굽에 허물어져
이빨 빠진 형체는
노인 잇몸 되어 있다
궁궐 밖 말 사육장이던 곳에
윤중제 제방을 축적하니
좌파, 우파당론 싸움에
성곽 깃발 꽂아 달리는 파발마
백성의 소리 전해도 듣지 못한다
병들은 관리들 돈의문 밖 세검정에
칼을 갈려고 나갔나 보다

## 이름

목멱대왕 혼을 기려
목멱산이라 했나
일제는 신궁인 국사당
인왕산에 유배 보내 남산이라 하였던가
백악산 바라보다 백골 되어
북쪽에 등 돌린 북한산아
잃어버린 애통함
다시 찾을 길 없구나

# 3

# 인생은 커피 한잔

# 오월의 성숙한 여인

그녀의 미모에
자지러지게 쓰러질 때
가까이서 입맞춤 허락하며
진한 향수에 마비시켜
안아보려는 걸 허락하질 않는 당신
아픔에 열이 나고 수줍은 통증은
진정한 사랑인가
단아하고 소박한 아름다움
어둠은 덮어 재우려 할 즈음
달빛마저 꼼짝 못 하게 하는 밤에 여인
오월 여왕 앞에
열렬한 사랑으로 모여든 군중 속 벌들
가시에 찔려 씰룩거리며
엉덩이 흔들어 날아가고
우아한 아름다운 여인은
별밤 이슬에 세안하지만
누가 품어 포옹을 할까

# 가뭄

새 빛 마루의 한나절은
별빛 내려앉고 웅성거리며 지나는 바람
어린잎 흔들어 깨우면
창밖을 내다보는 눈동자
전해주는 그 깊이를
어찌 헤아릴 수가 있을까
한나절과 해 저녁의 중간쯤에
내일을 준비하려는 발걸음
간간이 오갈 뿐 재잘거리는
동심의 깊이를 알지 못하는 건 왜일까
뛰어내리는 노을빛
아파트 창문에 미끄러질 때
하나둘 안식의 품으로 들어오는 표정은
기쁨 반 근심 반이네
저 표정에 아침 해가 뜨면 천지가 밝아 오련만
뇌의 구조 굳어 기계 부품 되어만 간다

## 반(半)

백화산 달빛 고요한데 태을암 풍경 소리
바람 그림자 따라나서려다
불경 소리에 주저앉아
소리쳐 울 때 품에 안아
달래주려는 듯 마금리
갯 별빛 토닥여 주네
노송의 가지에 걸터앉아
염불 소리에 잠든 쪽달
댓돌 위 코빼기 흰 고무신
깊은 밤잠 못 이루는
과택의 신음 소리는 임 그리워 가슴 쥐어 패며
애절함에 달빛도 복받치는 설움
여명이 밝아 오는 걸 알지 못함은
그도 그리운 임 떠나 외로웠나
흐느적거리며 빛바랜 낮달 되어 서성이네
새벽 찬바람에 호되게 소리쳐 깨우는 목탁 소리에
놀란 풍경
쨍그랑
쨍그랑
헛기침하는 새벽

## 장애자

시린 겨울 몸은 수축되어
움츠러들기만 한다
장애도 아닌데 곁에서 거들어 주고
잡아 줘야 밖을 나갈 수 있는 것은
장애를 가지고 있는지도 모르겠다
사랑받고 때론 관심 밖으로
내몰려 있기도 하지만
속을 채워 배가 불러야
제대로 맵시를 자랑할 수 있는 것은
나만의 특징이 아닐까
빈속엔 늘 늙어 있어야 하는 것도 어쩌면
다른 이들과 다른 나인 것이다
여인들의 품에 안겨
잡아주는 손길에 살아가야 하는
가방이란 이름으로
희망도 정해져 있을 뿐이다

# 벌목

몸 부딪치며 그래도 잘 살았노라
한소리 할 수 있었던 것은
터전에 뿌리를 내려서 일 것이다
척박한 땅에 생명 부지하려던 몸부림
온몸 성할 날이 없었지만
그래도 버틸 수 있었던 것은
잔가지들이 커 나가는 희망으로
버텼는지도 모르겠다
하나둘 쓰러져 땔감 되어
가마 속에서 질긴 생명 줄 끊어놓고
긴긴 세월 살아온 삶이 한 줌 재로 남아
다시 세상 밖 척박한 흙으로 묻힐 때
뿌리 내리려 안간힘 쓰던
그때로 다시 돌아간다
아쉬움과 흐느낌의 소리는
산천의 골짜기로 사라지고
무심했던 시간들마저
외면해 버린다

# 바위

봄이 되니 온몸이 근지럽고
푸른 털이 자라나기 시작한다
충분한 양기도 먹고
부족한 것도 없는데
변형되어 가며 등짝에는
검버섯이 피어 행색이 서글프다
차라리 추운 겨울이
돌아왔으면 좋겠다란 생각에
나를 지배할 때
지나던 고라니 등에 올라타 한잠 자고
산새들의 화장실이 되어만 갈 때
씻겨낼 수도 없는 괴로움 중 고통뿐이다
산 그림자가 마을을 한 바퀴 둘러보고 돌아와서
눈이 빠지게 기다림에 지쳐 있을 때
던지는 한마디는 내겐 절망적이다

# 복사꽃

한쪽 가지에 문제가 있는 것 같다
자꾸만 축 처지고
늘어지는 것이
여느 때와는 다르다
제구실 다하려 애를 써보지만
결과는 늘 실망뿐
원안대로 되는 건 없다
꺾어버릴 수도 없고
매달고 있자니 고통의 연속이다
통증이다
심하게 부디 쳤나 보다
화려하기만 봄날처럼 행복하려 했건만
꽃잎은 벌써 한 잎씩 떠나고 있다
고통의 연속 과연 이것이 결실일까
바람의 심한 매질에
피할 수 없이 맞아야 했고
익숙해져야만 했다
사고다
사고는 늘 고통과 아픔을 남겨 놓는다
계약서에서 명하듯이

나는 몇 년짜리 계약서에 서명했을까
봉해버린 봉투가 세월에 낡아 해져 나올 때
계약서에는 분명히 적혀 있을 것이다
복사꽃은 다 져 가고 있다
초록의 새순이 희망을 품고 왔다
팔과 다리에는 관절이 꺾여
골수처럼 나와 엉켜 있다
모나지 못하고
결실은 또 다른 나를 변하게만 할 것이다

# 봄밤

당신의 숨소리를
마음으로 듣고 있을 때
그 숨소리 따라
심장 뛰는 소리도
함께 듣고 있어요
들리지 않을 만큼
나지막한 소리는
늘 가슴으로 듣고 있지요
당신은 듣고 있나요
당신의 가녀린 숨소리를
들리지 않는다면
들을 수 없다면
눈을 감아요
그러면 들릴 거예요

# 비의 나그네

휘어지며 내리는 빗줄기 바람의 조화
모로 눕히며 지나가는
실체 없는 바람의 뒷모습
꼬리 잘린 도마뱀처럼
엉덩이 흔든다
곤두박질치면 아파 울고
흘린 눈물 냇물 되어 흐를 때
이 눈물 마시며 좋아라 실컷 울어라
기뻐하는 초목의 소리 없는 함성
만세 소리처럼 우렁차다
눈만 껌뻑이다 조용해진 들녘
젖은 흙 밟으며 꿈틀대는 동물,
손가락 사이 삽과 쇠스랑이
춤을 추며 두더지처럼 파헤친다
너는 지배자
생명의 고귀함을 잊은 채
용암 분출되듯 그칠 줄 모르는 욕심을
가득 채우던 동물은
결국 쓰러져 내리꽂는 빗줄기에
상처 나 그 흙에 섞여 지배를 받는다

## 그곳에는

내가 가 봤던 곳이었던가
첩첩 산자락 아래에
채반 위 그릇 엎어 놓은 듯한
조용한 마을에도 봄꽃은 피고
흥분된 마음 옷자락으로 감추며
가벼운 발 앞세워 걷는다
계곡 따라 흘러 내려온 구름 한 덩어리
다시 뛰어 올라가서 내려본다
그리 멀지도 않은 그다지 가깝지도 않은
그곳엔 복사꽃 시샘하며 지나는 바람 붙잡아
몰래 사랑놀이 하고 있겠지
아마도 그 언저리에
산 중턱 오르다 굴러떨어져
여인의 품에 안겨 잠들 것이다

# 봄 노을

붉게 물들어 사라져가는
그녀를 바라보다
문득 떠올랐다
저 모습이 봄을 짙게 만드는
그녀였다는 것을
고개를 들지 못한 채
양지쪽에 앉아 있던
요염함이 석양빛 타고 내려온
그녀였다는 것을 알았다
어둠을 두려워하지 않고
그 속에 묻혀 가려진 모습도
역시 아름다움을 간직하고 있는
그녀가 수선화였다

# 검정 고무신

댓돌 위에 뒷굽 해진 신발
널브러져 있을 때
초저녁 달빛 들어와 쉬고
바람 피해 숨어든 낙엽도 피신해
긴 밤을 쉬었다 나간다
새벽녘 시린 몸 의지할 곳
찾아 들어온 바람
깊숙이 들어가 깜빡 잠이 들 무렵
여명이 밝기도 전 당신은 헛기침으로
새벽을 깨우며 뒷굽 해진 신발에
가지런히 발을 넣고 조심히 발길 옮기며
어디론가 사라진다
부드럽지 못한 모습
항아리처럼 딱딱하고 무뚝뚝한
그 마음속엔 언제나 포근하고
늘 사랑한다라며 쌓아 놓은 따듯함,
들킬까 봐 꼭꼭 숨겨놓은 채
표정 없는 당신의 얼굴에
노을 꼬리는 구석구석
더듬고 사라질 때면

더 초라해 보이는 것은 왜일까
야윈 두 어깨에는
삶의 짐이 하나 가득 짊어져 있고
내려놓으려 하지 않는
당신의 얼굴은 오늘도 얼어
해동되지 않은 채 발걸음만 재촉합니다
당신은 내 생애 최고의 버팀목이었고
잡아 일으켜 세워주는
나의 소중한 아버지였습니다

## 새 생명

묵은 풀 틈 사이로
힘겹게 내미는 생명의 몸부림
호된 바람의 매질에도 웃는다
된서리 내리는 밤에
추위 떨며 움츠린 몸
아침 햇살에 희망 머금고
다시 올라오는 떡잎, 삶의 시초
오래 머물고 싶은 마음은
다음 생에 젊음을 위해
늙은 비애를 떨어트리고
흙 속에 삶을 묻어 버린다
봄바람은 고개 숙인 그를 나무라며
애타게 기다리는 사랑임 벌과 나비는
외면한 채 오지 않는다
그의 곁을 지나는 발걸음과 시선뿐
간간이 그를 부르는
사람들의 소리 수선화야

# 서풍에 깨어나는 여인

갈색 긴 머리 늘어트리고
실바람에 우는 여자
가녀린 몸 흔들리며 가야 할 여자
갈 곳은 없지만 갈 수도 없다
봄비에 머리 감고
초록 염색으로 뽐내며
곁으로 찾아오는
발길에 울지 못하는 여자
두 계절 벗하며 살고
한 계절 늙어가야 하는 여자
탈색되는 머리 긴꼬리 석양빛에
브리지 해본다
긴 잠에 들어 울어야 하는 여자
모두 떠난 쓸쓸함에
텅 빈 가슴마저 찬바람이
추워하는 걸 품어 안고 흐느끼며
잠들어야 하는 여자
서풍의 휘파람 소리에
다시 깨어난다

## 잔혹한 봄

나가보지 않아도
마당 가 언덕에
위태롭게 서 있는
동백은 그 발밑에
뚝뚝 떨구어 놓았을 텐데
시린 봄 해는 꼬리 내보이며
산 그림자에 가려질 때면
밖에 나가려 하지 않으련다
혹시나 나 밖에 서성일 때
한 송이라도 툭 떨어진다면
나는 어떻게 보며 돌아설 수가 있나
눈을 뜨고 어찌 돌아설 수 있단 말인가
차라리 그 꼴 안 보는 것이 낫지
그래서 해 저녁 나는
동백의 곁에는 서성대지 않으련다

# 인생은 커피 한잔

처음에는
뜨거워서 못 마시겠더니
마실만 하니 금방 식더라
인생도 그렇더라
열정이 있을 때가 좋을 때이다
식고 나면 너무 늦다
커피는 따뜻할 때 마시는 것이
잘 마시는 것이고
인생은
지금, 이 순간에 즐겁게 사는 것이
잘 사는 것이랍니다
우리는 사랑을 알 때쯤
사랑은 변하고
부모를 알 때쯤 부모는 아프고
자신을 알 때쯤 많은 걸 잃는다
흐르는 강물도 흐르는 시간도
잡을 수 없다
모든 게 너무 빨리 변하고 지나간다
우린 항상 무언가를 보내고
또 얻어야 한다

# 실버의 계절

나와 나의 만남이
자꾸만 멀어져 가는데
가깝던 우리 사이가
차갑게 식어갈 줄이야
너와 나는 돌아서야 했다
서로가 할 말은 많았지만
다가가려는 용기도 나지 않았고
바라보는 마음도 사라졌다
볼 수도 없는 너와 나
그렇게 포근하게 사랑했는데
무척이나 사랑했는데
당신은 세월이란 부모를
따라가야 했고
나는 너의 부모가 흘리고 간
나이를 따라가야 했었다
싸늘하기만 한 너의 입김
한 움큼 쥐고 주머니에 넣어
조용히 가야지
서운함도 미련도 버리고

# 게으름

밤이 길어 추웠나
창문을 두드린다
잠결에 눈을 반쯤 뜨고
문을 열어주니
꽁꽁 언 아침 해가 들어왔다
뒤따라 들어온 겨울바람도 함께
정말 춥고 시렸다
그래도 조잘대는 햇살에
정신이 번쩍 들어
자리에서 일어나 밖을 내다보니
어느새 앞산 옆구리까지
해가 와 있었다

# 함박눈

그도 보고 싶어
하늘 저 멀리에서 내려와
낯선 곳에 마음 추스르고
차가움에 눈을 감을 수밖에
부는 바람이야
웅크리고 견딘다지만
그리운 마음은 덮을 길 막연하고
달래주는 햇볕의 토닥임에
울어 눈물의 흔적만 남긴 채
달리할 수밖에
그리워 불러도 대답 없는 걸
목이 터져라 불러본들
눈물만 흐르니 차라리 잊어야지
하루 이틀 지나면
미워하고 싫어할 테니

# 생명

가을이 죽어간다
함께한 갈대와 억새도 따라 죽어
형체만 남긴 채 찬 바람의 매질에
눈물조차 흘리지 못한 서글픔
가을 따라가는 그들의 운명을
탓하는 이 아무도 없다
도토리나무도 모든 걸
떨어내고 알몸 되어
겨울의 호된 매질을
맞으려 준비하고 있을 때
능선에 우뚝 선 노송
죽을 줄 모른 채 다시 소생하여
낙락장송 위용에 모든 생명체
한 소리씩 하지만
못 들은 척할 뿐이다

## 단(丹)

그림자마저 떠난 빈집
유통기한 지난 여자의 향기가
아궁이에서 피어 나와
시장기에 창세기 꿈틀거리는
해 저녁
브레이크 고장 난 자동차처럼
쏜살같이 도망하는 초겨울
아궁이 불빛에 익어
게슴츠레 뜬 눈에
구부러진 상다리 꿰차 들고
토굴 같은 흙냄새 지독한 방에
좌정한 상 내려놓고
경운기처럼 엉덩이 흔들어
가슴에 숨긴 한 송이 꽃잎 따내며
내달린 그 여자
기다림의 빈집엔
온기 식어 미라 된 아궁이
굳어버린 재 무덤에 지나는 바람
몸을 녹이며 졸다 가는데
잘록한 허리를 가지고

어디로 갔나
붉은 심장에 요동치던 꽃송이도
늦가을 떨어져 낙엽 되었을까
향기만 남겨둔 채 떠난 여인
기다리던 사내의 유골은
눈 감지 못한 채 들쥐의
출입문 되어 있다

*단(丹): 일편단심. 한 조각의 붉은 마음이란 뜻

# 입구와 출구

우린 성장하면서 줄을 서게 된다
빨리빨리 서두르고
좋은 줄에 서려고
새치기하면서 경쟁을 한다
누구는 좋은 줄에 부를 축적하고
누구는 우왕좌왕하다
별 볼 일 없는 줄에 서서 궁핍하게 고단한
길을 가게 된다
60 후반부터는 자의든 타의든
나가는 줄에서야 한다
들어가는 줄을 섰으니
이젠 나가는 줄을 서게 되는데
부를 축적한 이는
줄을 서지 않으려 뒤로 빼고
고단함에 걸어온 이는
거침없이 줄에 선다
새치기로 선택되어 가는 이도 있고
지루하게 줄을 선 채 오랜 시간을
기다려야 하는 이도 있다
우린 긴 줄에 있던 짧은 줄에 있던

선택받아 가야 한다는 것이다
그게 어딘지는 아무도 모르고
그동안 사용했던 몸은 모두
폐기 처분하고 흔적을
지운다는 것이다
당신은 어느 줄에 서서 기다리겠는가

# 4

# 그림자 없는 노을

# 미치면 되니까

왜 하고픈 말이 없겠어
왜 아프지 않겠어
왜 힘든 일이 없겠어
그래서 웃는 거야
웃어야 지탱할 수가 있으니까
웃음이 슬퍼지려 할 땐
대신해서 미소를 짓는 거야
그래서 오늘을 살아가고
오늘과 싸우는 거야
그거 알아
오늘과 매번 싸워도
이길 수 없다는 걸
그래서 져주며 살고
대신 웃음을 받아서
웃는 거야
그것이 오늘 할 수 있는
일이니까

## 겨울바람

할퀴고 지나면서
미안해 하지도 않게
당연한 듯 떳떳한 건 무엇일까
춥기만 한 것이 사랑 같은 뜨거움
심장을 식힐 것 같이
빙 둘러 조여온다
마음은 벌써 바라보는 눈에 실망을 전해준다
맥박도 뛰지 않고 싸늘히 죽어 있다
얼룩질까 두려워
눈밭에 버리지 못하고
입에 붓고 눈을 감아
삼켜 버린다
다 식어버린 커피

## 술 한잔할래?

날씨도 추운데 어찌 지내는가
별 탈 없이 잘 지내지?
뉘엿뉘엿 어둠 없는
한 해가 저물어 가네
뭐가 그리 바쁜지
변변하게 만나지도 못했네 그려
다 먹고 살기 위해서라지만
그건 핑계 같고 시간만 허비하는 것 같구먼
오래간만에 만나서 소주라도
한잔 어떤가?
전에 만났던 그 곱창집이나
포장마차에서 한잔하는 건 어때
아버지란 멍에와 남편이란
지게를 잠시 벗어놓고 말이야
이런저런 푸념이라도 하면서
그럼 가슴이 답답한 게 탁 터질 것 같아
이따가 만나서 소주 한잔하자
인생 사는 거 별거 아닌 거 같더라
기우는 석양빛 같은 우리
언제 땅거미 드리울 날 올지 모르지만

## 겨울밤 외로운 밤

눈을 감아도 어둠뿐
눈을 떠도 어둡고
스치는 차가움은
마음까지 움츠리게 하고
시려오는 느낌에 고요는
깊어만 지는데
밤을 사냥하는
총소리는 더 긴장 속에
움츠리게 하고
뻥 하는 소리는 어둠을 찢어놓고
눈을 뜨게 하며 귀를 모아놓는다
한참을 숨죽이고 내쉬려 할 때
애절하고 외로움 쏟아 버리는 저 소리
차가운 겨울밤 더 쓸쓸한 슬픔의 소리
부엉
부엉
부엉

## 모정 3

산벚꽃이 필 때면
백발이 된 냉이꽃
체머리 흔들고
새집 신축에 연목* 물어 나르는 까치의
부리는 굳은살 박혀 있다
고운 얼굴에 이슬 맺혀
배 속에 피리 소리 들려올 때
긴긴 봄날의 햇볕은
서산으로 가는 줄
잃어버린 채
기력 없어 봄바람에
흔들리는 작은 체구
펄럭이는 치맛자락
끌려올 때 속에 감춘
한숨 내뱉는 가련함이
애처로웠다
연둣빛 새순이 자랄 때마다
배고픔은 더해만 가고
묵은 갈색의 풀섶에
숨은 쑥이 양식 되어 주니

그나마 허기를 면할 수가
있었던 것도 희생하며
근심을 삼키던 곱디고운
여인의 젖가슴 품에서 자랄 수 있었기 때문이다
그 여인이 엄니였다

*연목: 지붕판을 만들고 추녀를 구성하는 가늘고 긴 각재나무.

# 마당 카페

불현듯이 커피가
마시고 싶어졌다
혼자 마시는 믹스커피
한 잔을 들고
앞산을 바라볼 때
뒷산의 송홧가루 날아와
커피 위에 누워 있다
한 모금에 뜨거움이
목 넘김 하려 할 때
오월의 햇볕도 뜨거워지고 있었다
텅 빈 종이컵은
서서히 오그라들며
담겼던 기억만
남겨놓을 뿐이다

# 친구

공원에 외롭게 앉아
가을 햇살에 취해
졸고 있는 외로움 하나
방황을 한다
무슨 생각을 저리 골똘히 하고 있나
떠나야 할 시간이 아쉬운 것일까
한참을 지켜본다
원을 그리며 맴도는
구름 한 조각 오가며
정수리 내려 보고는
곁에 내려앉아
소곤소곤, 무슨 할 말이 저리 많은 것일까
훼방 놓는 바람에
펄쩍 뛰며 화가 난
잎새 하나 들먹여 울고 있다

# 엄동설한

찬바람 속에 내리는
눈도 춰서 오들오들 떨고
나도 춰서 웅크려
마음이 다 찌그러져 있네
그런데 잎새 다 떠난
알몸에 나무는 얼마나 출까
내 옷도 벗겨 갈까 봐
바지 붙잡고 윗옷 여미며
방으로 줄행랑칠 때
따라오던 바람 현관문에
이마 박고 소리 지르며
튕기어 도망하는 뒷모습
총 맞은 고라니 뛰듯 한다
춥다

# 솔로의 겨울

추운 겨울 사랑하는 사람하고
아궁이에 고구마를 굽다가
내린 폭설에 고립되고 싶다
뉴스는 한파를 알리느라 야단이고
자동차들은 엉덩이 흔들며
제 구멍 찾아가느라 야단법석이지만
아궁이 앞의 불빛은
얼은 마음까지 녹인다
고사된 풀과 잎도
젊은 시절을 기억하지 못한 채
고라니의 양식마저 덮어버린 산도
자비로움은 없었다
산막에 묶인 채
난생처음 고립된 불안에
몸 둘 바를 모르고 희망의
불빛 같은 핸드폰을 의지하며
하루를 보낸다

# 춥다

촉촉이 젖어 흘러 내리던
민둥산엔 찬바람만
오르락거리고
풀 한 포기 없는 계곡엔
냇물도 마른 지 오랜 시간이
되어 있다
가뭄에 말라 건조해진 곳엔
차가움으로 오그라들 뿐이다
온기가 필요하다
자꾸만 양지쪽으로 기울어지는 균형을
바로 세울 수 있는 곳이라고는
또 다른 형체가 필요로 하여
두리번 찾아보지만 언제나 허사였고
잎 떨어진 빈 가지의 허전함과
쓸쓸함은 동삼월 내내
시려오는 걸 안고 살아가야 한다

# 그림자 없는 노을

산천을 호통치며 세상을 품어 안고
디딘 발에 진동은 산천을 놀라게 하던
발걸음이 노을 따라
슬그머니 산마루에 걸터앉아
힐끔힐끔 돌아보며 가는 뒤에 검은 망토
그림자 드리운 채 뒤따른다
쿵쾅쿵쾅 지진을 일으키던
두 발은 묶인 채 한 두릅의
굴비처럼 굳어져 있다가
지진 일으키던 땅바닥을 깨어 내고
슬그머니 들어가 자리하며 아쉬움 없이
긴 이별의 인사마저 버린 채
홀연히 한 삽의 흔적을 가지고
자연 속으로 되돌아간다
흔적도 없는 모습은 영상만 남아 있을 뿐
아무것도 없는 걸 부여잡고
줄다리기에 끊어진 낡은 밧줄 떨어트릴 때
구름 속에 노을 숨어든다

# 떠나는 계절

푸르던 잎 붉게 물들어
기력 다하여 힘없이 손을 놓으며
나는 가요
나는 가요
빈 가지는 파르르 떨며 슬퍼한다
잎새 다 떨어져 앙상한 가지
바라보며 허전하다 생각 말고
빈 가지에 부는 바람 툭 치고
가는 걸 보며 쓸쓸하다 생각 말고
찬바람 두 뺨 스쳐
눈 속에 들어가 사랑하여
눈물 흘린다 슬퍼하지 말고
손등으로 훔치며 애써
태연한 척하지 말고
고개 들어 머나먼
푸른 하늘 쳐다보며
외롭다 하지 말고
정작 쓸쓸하고 외로운 건
잎새 모두 떠난 가녀린
빈 가지인 것을

빈 가지 바라보며 쓸쓸하고 외롭다고 하면
앙상한 가지의 흐느낌은
어찌하란 말인가

## 푸념

색이 변해가는 이 계절에
나도 따라 어디론가 떠나고 싶다
누군가를 만나 눈인사라도 하고
때론 짧은 인사를 주고받으며 떠나고 싶다
둘레길에서 만난 다람쥐와
눈을 마주치고 솔밭에 이는 바람 소리
품어 안고 먼 하늘 아래
희미한 바다가 보이는 정상에 서서
마음 한 조각 떼어 날리고 싶다
바라보는 것조차 수줍어하는
숫처녀 같은 맑은 계곡물 위에
그네를 타듯 흔들거리는
붉은 잎새처럼 여유로움에
즐길 수 있는 여행
이 가을에 어디론가 떠나고 싶다
허옇게 빛바랜 억새
그도 나의 머리를 보며
킥킥 웃는 그 사잇길을
걸으며 가을의 끝에 다다를 때까지
떠나고 싶다

# 소설

하얀 눈을 맞으며
바람도 흥이 나서
끌어안고 춤출 때
추워 오그라드는
여린 가지에 맺힌
차가움 떨기만 한다
바라보는 눈 속에
추워 떠는 자는 빠르게
몸을 덮어 보온에 야단이다
못다 쓴 가을 이야기
마무리도 못한 단풍
흰 눈 뒤집어쓰고
주르륵 차가움 빗물 되어 떨어진다
포근한 곳 생각하고
추워 떠는 자의 긴 겨울을 어찌 지낼까
북풍에 오도 가도 못하고 있다

# 싱글

뜨거운 햇볕을 머금은 바람이
살짝 스쳐 지나도 외롭다
지나간 자리는 늘
쓸쓸함만 머물고 있을 뿐
떠나려 하질 않는다
옆을 봐도 뒤를 봐도
사방을 둘러봐도
함께 즐거워하며
사랑 가득할 뿐이다
나도 내년에는 곁에 아름다운
여인 하나 두고 노을빛에 물들어
아름답게 늙어 가야겠다
빈 가지에 혼자 매달린
잎새 하나 외롭다

# 겨울이 온다

차가움이 밀려온다
춥다
떨림이 온다
이 떨림이 없다면
따듯한 온기를
어찌 느끼겠는가
이 온기가 없다면
어찌 사랑을 느낄 수가 있겠는가
추운 날들이 없다면
여름을 기억할 수 있겠는가
추운 겨울이 온다
시린 바람이 에워싸니
따듯한 국물과
따듯한 방이 생각나게 한다
추운 겨울이 오려나 보다
우리 서로 포근함과
따듯한 사랑이 필요한
추운 겨울이 온다

# 여백

작은 구멍으로
올려다보는
가을 하늘
그도 물들고 싶어서였나
붉은 잎새의
구멍으로 내려다본다
비어 있는 들녘의
허수아비처럼
쓸쓸하게 홀로 서 있는
저 나무

# 가을인가 보다

아침 해가 찾아왔다
참 반갑고 좋다
비구름은 산 너머로
떠나고
흰 구름이 가을을 업고 와서는
배시시 웃으며 내려다본다
살갗에 부딪치는
소리 없는 바람은
가을바람이 맞다

## 가을 여자

노란 것이 바람 부는 대로
좌우로 흔들거린다
자세히 보니
참 예쁘고 아름답다
앙증맞은 너를
왜 소국이라 했는지
이해가 될 것 같다
몰래 숨어 내뱉는 향기는
바람이 몰고 가니
내 차지가 있겠나

# 시린 가을

산천을 흔들며
아침을 깨우는 저 소리
깨어난 아침은
누굴 부를까
아침 해를 불러
밤새 시린 마음
데워주라 하려나
낮에는
여름이가 마실 와서
어슬렁거리다
갈까나
그럼 더울 텐데

# 다시는

찬바람이 불어오면
쓸쓸해지겠지
그 바람에 떨어지는
잎새를 보면 그리움이
수북이 쌓이겠지
떨어진 낙엽 위에
추억이 숨어 잠들면
그때 비로소
소중하고 귀함을 알았고
다른 사람이 되어
기억 속에 잠들어 있겠지만
찬바람이 불어올 때면
포근했던 품속에 뛰던
심장 소리가 더 크게
들리는 듯한 것은
어쩜 사랑했었다는 걸
알았지
이미 떠나간 사랑은
떨어진 낙엽이었다는 것을

# 시린 가을밤

뜨거움이 옷을 벗기고
훌쩍 떠나버린 몸에
싸늘함이 감아 싸니
고단함이 밀려 닥치며
슬그머니 몸을 누인다
차가운 달빛 쪽창 사이 들어와
눈이 마주치니 수줍은 듯
꼼짝을 못 한 채 창턱에
걸터앉아 한참을 생각하다
자꾸만 들어와 목덜미까지 껴안는다
시간이 급할수록 차가움은
벗었던 옷을 다시 입히면서
벗지 마라 하지만
쓸쓸함이 한가득
밀어닥쳐 온다

# 5

# 달빛 적시는 소리

# 옛 기억

해 저녁 구름 사이
노을빛 실타래처럼
쏟아져 내릴 때
지난 추억 속 그 사람이 생각이 나네
지금은 나 혼자 노을 꼬리를 바라보며
한참을 서성대고 있었네
옆엔 허전함만이 자리하고
뒤돌아 걷는 발걸음
떨어진 낙엽을 밟으며
낙엽비를 오늘 나 홀로 맞고 있네
귓전에 그녀의 목소리가
나를 부르는 듯한 공명에
지나간 추억이 밉기만 하네
왜 부르는 것일까
부르면 돌아갈 수 있으려나
부르진 마
부르지 마
쓸쓸해지니까

# 가을 아침

아침 햇살이 따듯하고
좋은 것은 가을이래서
그럴 것이다
햇살 이마에 걸터앉아
미끄럼 타는 아침
믹스커피 한 잔에
스치는 바람도 머물다 간다
볕이 곡식을 익힐 때
덩달아 마음도 함께
익어만 간다

# 달빛 적시는 소리

달빛 스며드는 솔밭 계곡에
슬픔 토해내며 우는 부엉이
어둠 속 물결일 듯 퍼져만 간다
숨어 울어야 하는
까닭이 있겠지만
누군가 듣거든
다가가서 토닥여
달래주었으면 좋으련만,
그도 말 못 할 사연 가득
담아 목까지 차오르는
애절함을 숨죽여
이 한밤 토해내는지도 모르겠다
나도 저와 같이
숨죽여 울 수 있다면 좋으련만
굳어버린 애절함 토해낼 길 막연하다

## 노을

당신은 바보야
뒤에 서성대는 줄도 모르고
혼자서 가시덤불 헤치며 가는 야속함
그래 가라
혼자 가서 밤새 실컷 외로워하며
뜬눈으로 새워라 야속한 나쁜 당신
내일도 혼자서 갈 거잖아
그러면서 왜 부른 거야
이젠 쳐다보지도 않을 거야
당신은 나빠

# 가을 사랑

당신이 다녀간 후로
나는 더 외로움에
시달려야 했다
그냥 두려 하지 않고
고통으로 고문하는
아픔을 혼자 견뎌야
하는 건 슬픔인 거야
빈 마음에 들어와 기거하다
말없이 떠나가려 하지 마
그 사랑 붙잡고 싶지만
자신이 없는 건
왜일까

# 친구 2

능선에 올라서서
산 아래 내려다보니
초록에 젊음은
노을빛에 물들었나
누렇게 변해가고 있다
황금빛의 논에는
수많은 군중들 모여
이리저리 쓸리듯 움직임은
동요하는지도 모르지만
누구 하나 이탈하려는 이 없다
햇볕이 따사롭게
느껴지는 곳에 앉아
가만히 눈을 감고
사색에 잠겨본다
다가왔다 주저하며
겁을 내고 되돌아가는
바람
머리 위를 슬쩍 건드려 보고
아닌 척 딴전 피우는 흰 구름,
모두가 에워싸고 호기심에 웅성인다

# 가을 항해사

바람도 잠든 오후
바람의 채찍에 우왕좌왕하던
흰 구름 한숨 돌리며 평화롭게
쉬고 있다
어디서부터 날아왔는지
길 잃은 잎새 하나
들꽃 위에 내려앉아
돛을 세워 항해하려 준비한다
아마도 저흰 구름 따라 항해를 하려나
꽃잎 넓게 펼친 활주로 바삐 서두른다
노을빛이 불 밝혀줄 때쯤
닻을 걷어 올리고 서서히
날아오르기 시작한다
방향키는 저녁
가을바람이 항해사 되어
승선 인도 없이
항해를 한다

# 강풍

뒷산 솔바람 소리
다급하게 굴러떨어지며
뛰어 들어와 귓전에
사태를 전해준다
비 그친 아침
솔밭에 아우성
쓰러져 흐느끼는 들풀
일어나려 안간힘 써보지만
등위를 짓밟고 지나는 폭군은
일찌감치 태양이 불 밝혀
어둠을 내쫓았지만
회오리치는 저 소리
여름옷 감추려 바빠 만진다

## 변화

흘리는 땀에 얇은 옷을 입을 때
그들은 더 많은 옷과
두꺼워지는 옷으로
온몸을 감추며 속살 보이려 하지 않는다
짧아지는 해 길게 늘어지는
노을의 꼬리가 길어질수록
땀은 식어가고
다시 두꺼운 옷으로
속살을 덮어 감출 때
그들은 낡은 옷을
하나둘 벗어 땅에 버리고
바람에 날려 버린다
찬 바람이 몸을 에워쌀 때
마시는 물을 더는 마시려 하지 않고
다른 한 무리들은 따스한 차로 속을 데우며
벗어 던지는 옷자락에
감동하며 동화의 나라에
왕자 공주가 되어 가면서
낭만에 젖어든다

# 갯내음

뱃머리에 비벼대고
방파제에 처대도
비릿한 냄새는
언제나 마중 나와 있다
죽어 가라앉은 생선의
비린내도 섞여 껴안고
함께 나와 기다린다
태초부터 오랜 세월
소금에 절어 있을 때부터
갯비린내는 절여 든 물속에 배어든 채
세월 속에 있었다
다 그렇게 살라 했나 보다
오늘도 비릿한 냄새를 빨기 위해
파도는 방파제에 쳐대며
쉬지 않고 빨래를 하는지도 모른다

# 엄마

저녁상 물리고
씻는 둥 마는 둥
그녀는 어둠을 쫓기 위해
등잔에 성냥을 그어대 불을 밝힌다
춤을 추는 등잔불 앞에 쪼그리고 앉아
머리에 바늘을 비벼대며
구멍 난 곳을 한참이나
대 수술을 하면서 메워놓는다
이불속에 내다본 내 엄마
한없이 아름답고 예쁘게
보이게 만들어주는 등잔불은
졸리지도 않는지
연신 뜀뛰기 하며 엄마 얼굴에
그림자 남기며 춤을 춘다
그 모습 보면서 자란 딸은
어느새 엄마가 되어 늙어 있었고
대물림하듯 바느질로
해진 이불을 꿰매고 있다
춤을 추는 등잔불은
그 엄마 따라가 버리고

눈을 부라리며 내려다보는
전등 아래서 그 엄마의 딸은
한땀 한땀 바늘은 기어간다
엄마의 그 딸이 그랬듯이
딸이 퉁명스럽게말한다
엄마~
그 이불 얼마나 한다구 꿰매구 그래요
버리고 하나 사지 않구요
마음 한 곳이 서늘하게 음지가 되어
시린 바람이 불어온다
내 딸이 나처럼 엄마 되였을 때
나의 엄마를 기억하듯
나를 기억하며 바느질할까?
혼자서 끄덕이며 기어가는 바늘 따라
손가락 떠받치며 바늘 뒤를 따라간다

# 옛날에는

지는 노을 바라보며
손가락 끼고
백사장 거닐며
함께했던
그녀는 노을 따라
가버렸을까
빈 손가락 사이
갯바람이 자리하고
붉은 실타래 같은
노을빛 새 나간다
꿈을 꾸고 있는 건
아니겠지 하면서도
꿈 같은 그날
노을빛의
긴 머리 여인

# 잎새의 외로움

시린 바람의 매질에
하나둘 떨어지는 쓸쓸함
머나먼 곳에 갈 수 없는 비행은
발밑에 뒹굴고 있었다
내가 잎새라면
포개어 온기를 나누어 주련만
너를 바라볼 수밖에 없었다
엇갈린 운명 속에
지나쳐야 하는 이 무정함은
계절이 할퀴고 간 상처일 것이다
나는 너를 밟고 지나야 할지
뒤로 두고 떠나야 할지
축축이 젖어 흐느끼는
너를 바라볼 수밖에 없었다

# 친구 3

등 굽은 저 소나무
시린 가을을 어찌 보내려나
스쳐 지나듯 짧은 해
추운 겨울이 오리라는
암시일 수도 있는데
발밑에 우거진 잡초
그 속에 공생하는 생명들
모로 누워 잠들고 싶은 생각이 왜 없겠어
떠나가고픈 마음이야 끝없이 많겠지만
세월이 대신 떠나가 주니
위안을 삼을 수밖에
비아냥대던 바람도
따돌리던 구름도
이제는 미움마저도
검버섯처럼 붙어 함께한다

## 홍수

넓은 길은 바다가
돌아와 위험하게
출렁이며 파도를 친다
이곳엔 왜 왔는지 모르지만
엄마 손을 잡고 길을 찾는
발길이 멈추고 긴 기다림만 함께한다
슬픔이 목 넘치도록
길을 삼켜버린 물살은
바다로 되돌아갈 즘
바람은 등 뒤에서 밀어닥치며
무섭도록 달리는 물결 위에
엄마는 어디론가 가버리고 없다

# 밤 열차

플랫폼에 부는 바람
두 뺨 에워쌀 무렵
레일 위에 말발굽
소리가 들려오고
안도하는 긴 숨 차가움 쫓는다
객실 안 기차의 힘겨움만
들릴 뿐 누구 하나
소리 없는 침묵 그 자체
말 없는 이들 흔들리며 있었다
땅거미 짙게 깔릴수록
차창 밖 불빛은
몇 리 밖에서부터 달려와
배웅을 해준다
몇 시간을 더 가야만
종착역 도착하기에
눈을 감고 마음에
기록을 해본다
몇 개의 역에 정차할 때마다
내리는 발길 앞다퉈
서두르고 텅 빈 객실 안

희미한 불빛 새어 나가며
무거운 발걸음
철커덕철커덕 찬바람 속을 달린다
목적지 송정역엔 황량한
들 바람들이 포위하고
플랫폼을 걸어 나올 때
몇 안 되는 사람들 서두르는 모습
지각한 학생들처럼 달린다
그들의 교실은 어디일까
나도 따라 서두른다
아무도 없는 역사 안
하나둘 전등은 눈을 감고
졸며 들어오는 사람들
실눈 뜨고 내려다볼 뿐이다

# 이정표

넘실대며 흘러가는
저 물도 흥이 나서
콧노래 부르겠나
그도 고단함이 있을 것이다
두 바퀴 자전거는 깊은 잠에 빠져
물살 등에 업혀 뒹굴며 뒹굴며
그들의 움직임 따라 정처 없이 갈 뿐이다
이정표만 덩그러니 서 있던 그곳
거친 물살이 지나고 나서야
젖은 발 햇볕에 말리겠지만
빨랫줄 없는 강가에
불어오는 강바람은
자꾸 몰아만 가려 할 것이다
목이 마르다
넘치는 물 위에
목마름이 갈증 되어 온다

# 쉬었다 가자

가지 마
가지 마
애원을 해도
귀먹었나
알아듣질 못하고
그냥 가는 야속함
쉬었다 가자 해도
대꾸도 없고
따라가기 이제는 벅찬데
언제까지 데리고 가려는 건지
가다가 지쳐 주저앉아도
뒤돌아보지도 않고 가는
이 나쁜 세월아

## 마음

아프다 몸도 마음도
불치병에 걸린 듯하다
누워 깔린 몸
일어나길 기다리던
태양도 포기하고
떠난 뒤에 어둠도
기다림에 지치면
그냥 떠날 것이다
일어나야 하는데
마음뿐이다
그냥 영원히 긴 잠에 들어갈까
만감이 교차한다

너나 좋아해
나 좋아하지 마

왜 좋아하는데
그러다 아픔의 병 들면
어쩌려고 그래
그러지 마 좋아하는 건

바람 지나듯 만큼만
좋아하다 관둬
계속 좋아하는 건 미친 짓이야
우린 서로 아파할 수도 있잖아
그러니까 아서

# 가을비 내리는 날

게으른 아침
나보다 늦게 밝아온다
마음은 벌써 잠에서 깨어나
움직이는데
몸은 아직도 한밤중
추녀 물소리가 몸을 짓누르고 있다
야생마처럼 밤새 논과 밭
내 뚝을 넘어 실개천에 배부르게
채워놓은 가을날에 비는
그칠 줄 모르고
지붕 등을 타고
미끄러져 떨어지며 몸을 가둬둔다
일어나고픈 마음과 빗소리의
노예가 된 몸이 싸움을 시작하는
아침이다
침대는 자꾸만 몸을
잡아당기고 사랑한다며
품에 안아 끌어안고 있는
이불을 뿌리칠 줄 모르는
사랑의 노예가 된 몸

# 누가 묻거든

## 김성수 시집

2023년 10월 25일 초판 인쇄
2023년 10월 30일 초판 발행

지은이 / 김성수
발행인 / 강병욱

발행처 / 도서출판 교음사

03147 서울 종로구 삼일대로 457 수운회관 1308호
Tel (02) 737-7081, 739-7879(Fax)
e-mail / gyoeum@daum.net

등록 / 제2007-000052호

* 잘못된 책은 바꾸어 드립니다. 값 13,000 원

ISBN 978-89-7814-941-9 03810

- 본 도서는 충청남도 충남문화관광재단의 후원으로 발간되었습니다.